Bodenborn 43 · 58452 Witten
Internet: www.feste-des-lebens.de; E-Mail: collection@feste-des-lebens.de

Gesamtgestaltung: Miriam Gamper-Brühl | Essen | www.dko-design.de
Fotos und Illustrationen: © Shutterstock
Druck und Bindung: Druckerei Theiss GmbH | www.theiss.at
Gedruckt in Österreich
ISBN 978-3-7893-5013-9
Bestell-Nr. 625.013

www.doro-zachmann.de

Lohnt es sich?

Lohnt es sich, ein Leben mit Gott zu führen?
Wozu soll das denn gut sein?
Und doch, es lohnt sich!

Gott ist
… ein liebender Vater, der auf dich aufpasst und dich beschützt!
… ein guter Berater in allen Lebenslagen!
… ein geduldiger Zuhörer, dem kein Thema zu schockierend ist!
… ein treuer Freund, der dich nie mehr allein lässt, auch wenn du ihm aus dem Weg gehst!
… absolut verlässlich!
… ein liebender Gott! Er will für dich nur das Beste!
… gütig und barmherzig, seine Liebe ist unendlich!
… ein mächtiger Gott: Es gibt kein Problem, das er nicht lösen kann!
… ein vergebender Gott: Es gibt keine Last, die du nicht bei ihm ablegen darfst!

Christen sind nicht besser als andere.

Aber sie sind nie mehr allein
und haben den Schöpfer der ganzen Welt auf ihrer Seite!

Gott verspricht uns kein sorgenfreies Leben,
auch Christen haben Krisen und Probleme.
Aber egal, durch welches Tief wir wandern müssen,
Gott ist an unserer Seite
und trägt uns durch!

Ja, es lohnt sich,
mit Gott gemeinsame Sache zu machen!
Probier es doch einfach aus!
Was hast du dabei zu verlieren?
Absolut nichts!
Du kannst nur gewinnen!

Dein Leben liegt noch vor dir,
Starte jetzt voll durch!
Leb dein Leben!
Gott glaubt an dich!

Leb dein Leben!

Geh deinen Weg,
es ist deiner!
Dein Leben,
das nur du gestalten kannst!

Es ist oft nicht leicht,
den richtigen Weg zu finden,
sich nicht zu verlaufen,
in keine Sackgasse oder auf keine Irrwege zu geraten.
Das gehört leider zum Leben dazu.
Kein Weg führt ganz gerade zum Ziel,
oftmals müssen Umwege genommen
und Hindernisse überwunden werden.
Denn auf dem Weg zur Reife
gibt es keine Abkürzungen.

Hab Mut!
Vertrau auf dich selbst,
vertrau auf Gott,
der nur dein Bestes will,
und geh deinen Weg.
Und wenn du mal merken solltest,
dass du dich für etwas Falsches entschieden hast,
dann wag einen Richtungswechsel.
Es ist nie zu spät für einen Neuanfang.
Leb dein Leben!

Trau dich, deinen eigenen Weg zu finden und zu gehen,

nur du kannst wissen, ob er der richtige für dich ist.
Auch wenn deine Eltern, Freunde und Lehrer
alles besser zu wissen scheinen –
niemand steckt in deiner Haut.
Natürlich ist es sinnvoll,
sie auch mal um Rat zu fragen
oder sich an Vorbildern zu orientieren.
Schließlich mussten auch sie sich für einen Weg entscheiden.

Zukunft

Manchmal hast du Angst vor der Zukunft,
fragst dich, ob es einen Sinn darin gibt.
Was kommt nach der Schule?
Wirst du einen Ausbildungsplatz finden,
ein Studium beginnen können?
Welcher Beruf passt überhaupt zu dir?
Sollst du den wählen, der dir am meisten Spaß macht,
oder den, der das meiste Geld bringt?

Wirst du den richtigen Mann finden,
mit dem du durchs Leben gehen kannst?
Heiraten, Kinder bekommen ...
Unvorstellbar?!

Was wird aus deinen Träumen?

Werden sie wie Seifenblasen zerplatzen,
weil dafür kein Platz ist
in der Welt der Erwachsenen?

Da sind so viele Fragen,
die dir manchmal das Herz schwer machen.
Schick sie hoch zum Himmel,
und schick sie raus in die Welt,
denn da ist einer,
der sich um sie kümmern wird.

Have a break!
Atme das Leben tief ein
und vertrau darauf,
dass Gott einen guten Plan für dich hat.
Aber ja: Du hast eine Zukunft!

Echt sein

Bist du immer ganz du selbst?
Wer bist du, wenn dich keiner sieht?
Wie verhältst du dich, wenn keiner hinschaut?

Schon komisch: Wir sehnen uns so sehr danach,
uns so zeigen zu können, wie wir sind,
und doch setzen wir immer wieder neue Masken auf.
Kennst du das auch von dir?

Du hast so viele verschiedene Rollen,
denen du bitteschön allen gerecht werden sollst:
die Tochter, die Schülerin, die Azubine, die Schwester, die Freundin,
die Klassensprecherin, die Sportlerin, die Trendsetterin ...
Das schafft doch keiner, ohne sich zu verbiegen!

Man kann es eh nicht jedem recht machen!

Auch du nicht!
Bleib dir selbst treu,
sei ehrlich, offen, echt!
Solange du dir selbst ins Gesicht schauen kannst,
bist du auf der richtigen Seite.
Manchmal musst du hier und da
noch ein bisschen an deinem Verhalten schrauben,
aber ansonsten bist du völlig okay!

So bist du: unbeschreiblich liebenswert,
anziehend und attraktiv!
Jeder um dich herum spürt:
Wow, das Girl ist real!
Dem kann ich vertrauen,
das ist natürlich und ehrlich
und spielt keine Spielchen mit mir!

Setz unbesorgt deine Masken ab.
Gott kennt dich sowieso,
weiß, was du lieber verbergen willst.
Er sagt immer Ja zu dir.
Tu es auch!

Gegen den Strom

Nur tote Fische schwimmen mit dem Strom!
Es ist ja auch viel einfacher,
dem Mainstream hinterherzurennen,
sich jedem Trend anzupassen,
als sich selbst etwas auszudenken.

Willst du das?
Ein Abklatsch von vielen, austauschbar sein?
Eine wie alle anderen?
Du musst ja auch nicht gleich extrem auffallen,
darum gehts nicht.
Aber sei aufmerksam,
damit du mitbekommst,
wann etwas komplett falsch läuft
und wann es an der Zeit ist,
das Gleis zu wechseln.

Öffne deine Augen – schau genau hin!

Spitz deine Ohren – hör genau hin!
Spüre dein Herz – fühl, was es sagt!

Bist du mit dem einverstanden,
was um dich herum geschieht?
Ist es okay, nur weil es jeder so macht?
Ist es für alle in Ordnung,
haben dabei alle Fun,
oder geht es auf Kosten anderer?

Hab den Mut,
gegen Ungerechtigkeiten aufzustehen!
Hör auf dein Herz!
Lass das Gute in dir gewinnen!
Sei du, denn wenn du nicht du bist,
wer dann?

Echte Freundinnen sind der Burner!

Es ist toll, zu einer Clique zu gehören:
Leute zu haben,
die denselben Style
und Musikgeschmack haben
oder denselben Sport mögen.
Mädchen, mit denen man richtig abhängen,
Action und Fun haben kann.

Freundinnen, die zu dir stehen,
die dich nicht hängen lassen,
auch wenn es dir schlecht geht oder du Mist gebaut hast.

Freundinnen,
mit denen du reden kannst,
die zuhören
und nicht nur von sich selbst erzählen.

Eine gute Freundin
glaubt an dich und vertraut dir!
Sie mag dich so, wie du bist!

*Selbst eine solche Freundin zu sein
ist das größte Geschenk,
das du dir und anderen machen kannst!*

Warum lassen Frauen sich so leicht verunsichern?
Was macht dich denn wirklich schön?
Das richtige Make-up, die Bikini-Figur, die reine Haut?
Ja, vielleicht auch,
aber es trifft nicht den Kern.

Wahre Schönheit ist das, was aus dir heraus strahlt:

die Liebe,
die du anderen schenkst,
das Lachen,
das du fröhlich weitergibst,
deine Freude,
die so ansteckend wirkt,
die Begeisterung,
die du mit anderen teilen willst,
dein Naturell,
das dich so einzigartig macht,
so unverwechselbar
wunderschön!

Spieglein, Spieglein an der Wand …

Anscheinend ist er in den weiblichen Genen fest verankert:
der Wunsch, hübsch zu sein.

Kennst du ein Mädchen,
das sich keine Gedanken
um sein Aussehen macht?

Du willst gefallen, auffallen, aus dem Rahmen fallen.
Du willst schön sein, gut aussehen, hübsch sein.

Ob adrett, nett, kokett,
süß, niedlich, drollig, sexy,
charmant oder elegant …

Aber es scheint doch so zu sein,
dass dein Selbstbewusstsein
mit zwei Kilos weniger in unermessliche Höhen steigt
und über Nacht wegen eines einzigen Pickels in Untiefen fällt.

Lebens-Balance

Mit beiden Beinen fest auf dem Boden stehen
und den Kopf hier und da in die Wolken stecken.

Positiv von sich und anderen denken,
ohne dabei größenwahnsinnig zu sein.

Die Seele baumeln lassen
und gegen Unrecht aufstehen.

Bescheiden leben
und großzügig sein.

Sein Glück genießen
und sich kümmern um den, der traurig ist.

Gut von sich denken,
ohne sich für besser als die anderen zu halten.

Aus dem Vollen schöpfen
und die Ressourcen dieser Welt im Blick behalten.

Erwachsen handeln
und kindlich vertrauen.

Am Puls der Zeit bleiben
und den Herzschlag Gottes fühlen.

Ausgepowert

Kennst du das Gefühl,
gleich umzukippen?
Keine Kraft mehr für den nächsten Schritt zu haben?
Alles ist zuviel,
jeder Tag ein Graus,
Stress pur …

Tief durchatmen!

Damit uns wieder klar wird,
dass wir nicht die großen Macher sind,
dass wir unseren Energietank mal wieder volltanken müssen.
Jeder von uns braucht hin und wieder eine kleine Auszeit:
ein Eis essen, einen kleinen Spaziergang machen
oder auf dem Sofa herumfaulen …

Hast du schon mal ausprobiert,
in diesen Zeiten auf Gott zuzugehen?
Hast du ihn schon mal
als Energiespender erlebt?

Probier es doch mal aus!
Er hat es schließlich versprochen:
Kommt her zu mir, die ihr müde und beladen seid,
ich will euch neue Kraft und inneren Frieden schenken!

Na, ist das nicht ein Angebot?

JOY

Werkzeug sein

Eine wie dich kann man gut gebrauchen!
Um unsere Welt schöner und besser zu machen,
bedarf es vieler zupackender Hände.

Eigentlich ist es gar nicht so schwer,
eine Friedensbringerin,
eine Hoffnungsträgerin,
eine Liebesbotin und
Weltverbessererin zu sein.

Nicht nur als Politikerin und Machthaberin
kannst du den Lauf der Dinge beeinflussen.
Jeder Mensch kann es
an jedem Platz auf dieser Welt
und zu jeder Zeit.

Just do it!

Und es ist im Grunde so leicht.
Das Geheimnis lautet:
Es braucht keine großen Wundertaten –
kleine Gesten der Liebe genügen,
um den Tag eines anderen Menschen zu verschönern:

ein aufmunterndes Wort in einer SMS oder E-Mail
ein Lächeln, das von Herzen kommt
ein spontaner Besuch
selbstgebackene Muffins
ein tröstendes Telefonat
ein ehrlich gemeintes Lob
ein echtes Dankeschön
ein Krankenbesuch
eine Umarmung

…

Und ein positiver Nebeneffekt:
Anderen Gutes zu tun erfreut auch das eigene Herz!
Zu spüren, wie das eigene Strahlen andere ansteckt,
ist einfach unbeschreiblich schön
und lässt einen gleich noch heller strahlen.
Sei eine Weltverbesserin!

Ja, Gott kann dich gut gebrauchen!
Mit dir will er Geschichte schreiben,
Herzen verändern,
Leben verbessern!
Du bist genau die richtige Frau für ihn!

Outsider

So was Bescheuertes!
Da war dieses Fettnäpfchen
und ausgerechnet du bist voll reingetreten!
Wie peinlich!
Alle haben es gesehen,
alle haben gelacht
und die Augen verdreht:
Typisch, die mal wieder!

Am Liebsten wärst du im Erdboden versunken
oder noch besser:
hättest die Reset-Taste gedrückt,
um alles ungeschehen zu machen.

Stattdessen wurdest du rot wie eine Tomate!

Don't worry,
so eine Szene hat jeder schon mal erlebt.
Aber jetzt ist sie vorbei.
Steh auf und fang wieder neu an!

Schau dich mal genau um:

Gibt es in deiner Umgebung jemanden,
der dauernd ausgegrenzt und ausgelacht wird?

Geh auf ihn zu!
Mach ihm Mut!

Stolpersteine

Du bist gestolpert und hingefallen?
Du hast einen Fehler gemacht?
Das ist nicht schlimm!
Das passiert jedem mal.
Es tut weh,
es ärgert und verletzt dich.
Verständlich!

*Stolpern und Fallen ist nicht schlimm,
aber Liegenbleiben schon!*

Du hast jemandem Unrecht getan?
Dann steh auf und bitte um Verzeihung!
Geh und entschuldige dich!
Vielleicht kannst du es wiedergutmachen.

Und dann mach weiter,
die nächste Chance kommt, mit Sicherheit.
Geh auf Lebens-Entdeckungs-Tour
und vergiss dabei nicht deine Verantwortung
dir selbst, den anderen und Gott gegenüber!
Sei klug,
hör auf dein Herz!

Money, Money, Money

Ohne Moos nix los!?
Ja, da ist schon was dran.
Wer geht nicht gerne ins Kino oder shoppen,
wer hätte nicht gern den stylischen Pulli aus dem Internet?

*Es ist etwas Wunderbares,
sich hin und wieder etwas Schönes zu gönnen!*

In unserer Gesellschaft hat Geld einen sehr hohen Stellenwert.
Warum nur hat Geld so eine Anziehungskraft?
Warum scheint Reichtum das Ziel schlechthin zu sein?

Klar, wer genügend Kohle hat,
kann sich alles leisten, was er sich wünscht.
Aber viele Untersuchungen belegen,
dass reiche Menschen nicht glücklicher sind.

Man kann eben nicht alles mit Geld kaufen:
Freundschaften, Liebe, Anerkennung,
innere Zufriedenheit,
Weisheit und Reife,
Offenheit und Ehrlichkeit
und dergleichen mehr ...

Wie ist das bei dir?
Welchen Wert gibst du dem Geld in deinem Leben?

37

Du bist mehr als deine Noten!

Mangelhaft und ungenügend …
Wer nicht mithalten kann,
ist eben ein Loser.

Höher, schneller, weiter,
besser, hübscher, reicher …
Es gibt immer noch jemand,
der dich toppen kann,
und wenn du dich noch so anstrengst.

Lohnt es sich denn dann weiterzukämpfen,
sich anzustrengen,
Zeit und Kraft einzusetzen?
Oder sollte man lieber gleich aufgeben?

Nein! Jeder Einsatz lohnt sich! Yes, we can!

Manche Frucht kann man erst später ernten.
Sei geduldig!
Du bist weit mehr wert
als irgendeine Note, Erfolg, Geld oder Ruhm!

All deine Gaben und Talente,
deine Herzensweite, dein Charme, dein Humor,
deine Originalität und deine Kreativität,
deine ansteckende Begeisterung,
dein nachdenklicher Tiefgang
und all das andere, das in dir schlummert,
machen dich unersetzbar!

Frieden

Wer wünscht sich nicht,
in Frieden zu leben?
Frieden, das ist ein großes Wort.

Und doch gibt es genügend Menschen,
die stets unzufrieden sind,
die mit ihren Ehepartnern oder Nachbarn im Dauerclinch liegen.
Sogar in der Schule oder am Arbeitsplatz wird gestritten und gemobbt –
Ellenbogen-Mentalität, wohin das Auge reicht.

Sei clever – dreh den Spieß doch einfach um!
Das Geheimnis lautet:

*Entscheide dich bewusst und jeden Tag neu dafür,
auf der Sonnenseite des Lebens zu stehen,
zufrieden zu sein mit dem,
was du jetzt hast, kannst, machst und bist.*

Hab den Mut,
das, was dich stört, konkret anzupacken
und zu verändern.
So kannst auch du einen Beitrag zum Frieden leisten!

Frei!

Nicht mehr lange
und du bist erwachsen!
Frei!

Endlich kannst du machen, was du willst,

keiner kann dir mehr Vorschriften machen,
dir sagen, wann du ins Bett gehen
oder nach Hause kommen sollst.
Immer diese blöden Einschränkungen,
Aufforderungen, Grenzen und Befehle.
Aber bald – da musst du nicht mehr gehorchen,
da kannst du alles selbst entscheiden,
tun und lassen, was du willst.

Natürlich musst du auch an die Konsequenzen denken,
alles hat schließlich Folgen.
Und dann stehst du selbst für dein Verhalten gerade,
deine Eltern halten nicht mehr ihren Kopf für dich hin.
Du musst die Suppe selbst auslöffeln,
die du dir einbrockst.

Trotzdem:
frei, unabhängig,
selbstverantwortlich sein,
allein entscheiden,
das klingt nach Zauberwörtern,
idealen Bedingungen
für ein geniales Leben!

Akzeptier den Rahmen,
der dir momentan gesteckt ist,
und versuch, nicht ständig anzuecken.
Dann kannst auch du erleben,
dass man dir und deinen Fähigkeiten immer mehr zutraut.
Schau, was dir heute schon alles möglich ist,
im Hier und Jetzt!

Verliebt

Schmetterlinge tanzen in deinem Bauch,
kaum ist er in deiner Nähe.

Ein Tag,
ohne das geliebte Gesicht
in der Masse der anderen Gesichter
gesehen zu haben,
ist ein verlorener Tag.

Händchenhalten, erst in der Phantasie,
und dann spürst du die warme, weiche Hand in deiner
und könntest den Himmel umarmen.
Lehnst dich an seine Schulter und innerlich zurück,
bist endlich angekommen nach langer Reise,
fühlst dich verstanden und daheim.
Verlierst dich in seinem zärtlichen Blick,
tauchst ein in das Meer dieser unbeschreiblich schönen Augen,
Küsse, leicht und flatternd,
zögerlich sanft, dann forschend,
schmeckend, erkennend.
Einssein.

Du musst deinen Eltern zeigen,
dass sie sich nach wie vor auf dich verlassen können,
auch wenn du Entscheidungen anders triffst,
als sie sich das vorgestellt haben.
Sei ihnen dankbar für das, was sie dir für dein Leben mitgegeben haben,
für das Nest, das sie dir gebaut haben
und das du nun allmählich zu verlassen beginnst.

Auch wer sich zunehmend voneinander distanziert,
weil es an der Zeit ist, eigene Wege zu gehen,
kann sich im Herzen dennoch nah bleiben.

Baustelle Familie

Ja, es gibt Zeiten, da nerven einen alle.
Besonders die, mit denen man unter einem Dach wohnt:
Eltern und Geschwister.

Irgendwie scheinen alle nicht mehr ganz richtig zu ticken,
jeder geht bei der kleinsten Angelegenheit gleich hoch wie eine Bombe,
jeder scheint genau zu wissen,
welchen Zünder er drücken muss,
um den anderen zum Explodieren zu bringen.

Und Zündstoff gibt es genug:
das Taschengeld, laute Musik, Zimmer aufräumen,
Klamotten, Frisur, Schulnoten, Mithilfe im Haushalt,
nachts nach Hause kommen, sogenannter „schlechter Umgang" …

Warum nur müssen sich alle einmischen?

Warum kannst du nicht einfach deine Ruhe haben?
Wieso sollst du Rechenschaft ablegen über das, was du tust?

Haben die Eltern kein Vertrauen mehr in dich?
Glaubst du ihnen nicht, dass sie es gut mit dir meinen?

Deine Eltern müssen lernen,
dich Stück für Stück loszulassen, freizugeben,
dir mehr Verantwortung zu übergeben.
Das ist für sie auch nicht so einfach, denn sie hängen doch an dir.

No risk, no fun

Das Leben ist ein Fest!
Wo steht geschrieben,
dass man nicht ständig Party machen
und das Leben genießen soll?
Warum alles bitter ernst nehmen,
das Komplizierte in den Vordergrund stellen,
wenn es doch auch viel easier geht?

Erwachsene haben oft Angst
vor Neubeginn, vor Veränderung,
vor mitreißender Begeisterung.
Sie machen sich ständig Sorgen:
um ihren Job, ihre Kinder, ihr Bankkonto.
Du wirst dich bestimmt manchmal fragen:
Haben die denn nichts anderes im Kopf?

Du jedenfalls musst dich noch nicht darum kümmern.

Es ist das Vorrecht deiner Jugend,
crazy zu sein,

Neues zu wagen,
vieles auszuprobieren,
Fehler zu machen
und aus ihnen zu lernen,
das Leben leicht zu nehmen
und in vollen Zügen zu genießen.

Social networking

Von wegen: Null-Bock-Generation,
die nix auf die Reihe kriegt!

Jeder Einzelne ist wichtig,
auch du!
Hab Mut,
hinzusehen, wenn Unrecht geschieht!
Setz dich für das Gute ein,
wenn etwas besser werden soll!
Misch dich ein,
wenn Dinge passieren, die du nicht in Ordnung
findest.

Such dir Gleichgesinnte,

denn zusammen kriegt ihr mehr hin als jeder allein!

Wie der kleine Stein,
der ins Wasser geworfen
immer größere Kreise zieht,
kann auch dein Protest,
dein Vorbild,
dein Handeln,
dein Helfen,
deine Stimme
Großes bewirken.

Misch dich ein!

Wo geht's lang?

Hast du Idole?
Welcher Schauspieler, welches Model,
welche Bands, welche Sängerinnen gefallen dir?
Was unterscheidet sie von allen anderen Künstlern?
Was macht sie so besonders
und hebt sie aus der Masse der Stars und Sternchen heraus?

Es gibt da etwas, was dich an diesen Personen
fasziniert, anzieht, begeistert, zum Träumen bringt …
Etwas, was du für dich und dein Leben auch gerne hättest.
Stimmt's?

Ja, es ist gut, jemanden zu haben,
zu dem man aufschauen kann,
jemanden, den man gerne nachahmen möchte,
ohne ihn wirklich zu kopieren.
Es ist gut, ein Vorbild zu haben,
vielleicht sogar im wahren Leben, zum Greifen nah!

Eine Tante vielleicht, eine Nachbarin, eine Lehrerin, deine Geschwister?

Welche Person führt ein Leben, das dir gut gefällt?

Wessen Ratschlag schätzt du wirklich?
Wer sagt tatsächlich, was er denkt?
Wer vertritt, was er glaubt?
Wer zeigt, wofür es sich zu leben lohnt?

Find's heraus! Wag zu träumen!
Mach dir klar, was genau du an dieser Person klasse findest
und weshalb ihr Lebensstil dich überzeugt.
Dann bist du schon auf dem besten Weg,
ganz du selbst zu sein
und vielleicht später auch einmal ein Vorbild zu werden.

Entscheidungen

Immer wieder dieselbe Situation:
Du kommst an einem turning point
in deinem Leben an, an dem du entscheiden musst,
wie es weitergehen soll.

Eine Entscheidung treffen zu müssen
heißt auch immer, bewusst zu verzichten,
nämlich auf das, was die andere Möglichkeit
eventuell geboten hätte.

Und weil viele Menschen auf Nummer sicher gehen wollen,
bleiben sie oft an Weggabelungen stehen,
biegen weder nach links noch nach rechts ab.
Aus Angst, die „falsche" Entscheidung zu treffen,
treffen sie lieber gar keine.
An diesem Punkt
kann ihr Leben stehenbleiben.
Andere werden für sie Entscheidungen treffen,
so dass sie nicht mehr frei wählen können,
wie es weitergehen soll.

Oft gibt es kein klares Richtig oder Falsch.

Es gibt immer Vor- und Nachteile,
die es abzuwägen gilt.
Und wenn sie in einer guten Balance stehen,
dann hilft nur, sich für eine Seite zu entscheiden:
die Nachteile in Kauf nehmen,
aber auch alle Vorteile auskosten.

Just do it!

Es gibt Leute,
die haben ihr Hobby zum Beruf gemacht
und es nie bereut.
Ist das nicht herrlich?

Es muss ja nicht gleich der Job sein,
noch gehst du zur Schule.

Wofür schlägt dein Herz?

Worüber denkst du oft nach?
Wann verlierst du die Zeit komplett aus den Augen?
Was macht dir total Spaß?
Wobei hebst du so richtig ab,
wann hast du das Gefühl zu schweben
und magst gar nicht mehr damit aufhören?

Was kannst du gut?
Was fällt dir leicht
und geht ganz nebenbei?
Wofür bist du gern bereit,
auch mal nachts aufzustehen
oder andere Opfer zu bringen?
Welche Leidenschaft
will in dir noch entdeckt
oder nur wieder entstaubt werden?

Find's heraus!
Es lohnt sich!
Just do it –
und du wirst sehen:
Wenn dein Herzblut drinsteckt,
wird es der Hammer!

Versuch es weiter!
Träume nicht dein Leben, lebe deinen Traum!

Nur wer den nötigen Biss zeigt
und weitermacht,
hat auch die Chance,
da anzukommen, wo er hin will.

Lass dir deine Träume nicht rauben!

Sie sind dein kostbarster Schatz!
Sie verraten dir etwas über dein innerstes Wesen,
helfen dir, Türen zu öffnen,
können dir lebenslang
gute Freunde sein.

Träume

Du hast Träume?
Du hast Ideen?
Du hast Ziele?

Wunderbar!
Setz alles dran, sie umzusetzen!

In Träumen steckt eine ganze Menge Power,
die dir hilft,
deine Ziele auch zu erreichen.

Bleib dran,
auch wenn es Probleme gibt
und es nicht reibungslos läuft!
Bleib dran,
gib nicht auf!
Lass dich nicht entmutigen,
wenn es nicht auf Anhieb so klappt,
wie du es dir vorgestellt hast.

Du bist genial!

Absolut klasse,
einfach umwerfend!

Schon allein deshalb, weil es wirklich niemand gibt,
der genau so ist wie du. Du bist einmalig!
Niemand hat dieselben Gedanken,
dasselbe Lächeln,
deinen typischen Look.
Du bist ein absolutes Original,
genau so, wie Gott dich gewollt hat.
Das bist du!

Okay, zugegeben:
Natürlich hast auch du Macken, Probleme und Schwächen,
machst Fehler und baust hier und da echten Mist.
Aber du hast alle Voraussetzungen,
eine ganz besondere, unverwechselbare Frau zu werden.

Du bist einzigartig, einfach klasse!

Mach was draus!

Aber von diesen äußeren Formen
hängt dein persönlicher Glaube auch nicht ab!
Gott führt keine Strichliste.
Ihm geht es einzig und allein um dich:
Er möchte eine lebendige Beziehung mit dir!

Es bleibt also deine Entscheidung!
Du allein bestimmst,
welchen Platz du Gott in deinem Leben gibst.
Eins steht fest: Gott will mit dir unterwegs sein, jeden Tag neu.
Jesus will mit dir leben,
aber er drängt sich nicht auf.
Er wartet geduldig auf dich, wartet, dass du ihn einlädst,
dir nah zu sein.

Lass dich heute so richtig feiern,

genieße diesen besonderen Tag.
Es ist deine Party!

Jetzt geht dein Leben erst richtig los!
Genieße es in vollen Zügen
und nimm es als Gottes persönliches Geschenk
an dich!

Konfirmation – und jetzt?

Du bist konfirmiert!
Herzlichen Glückwunsch!

Das ist ein wichtiger Tag für dich.
Du hast Gäste eingeladen zu diesem besonderen Gottesdienst,
zu deinem ganz persönlichen Fest.
Deine Familie, deine Verwandten, deine Freunde
feiern und freuen sich mit dir.
FUNtastisch!

In den vergangenen Monaten hast du
viel gehört und gelernt.
Von Gott war die Rede, von Jesus, vom Heiligen Geist,
von Kirche, Bibel und vielen anderen Basics,
die für den christlichen Glauben wichtig sind.

Aber was jetzt?

Lässt du es vom Kopf ins Herz rutschen?

Wird Gott für dich wichtig sein?

Am Montag wird dich dein Alltag wieder einholen.
Der Konfirmationsunterricht fällt weg,
und du wirst wohl froh sein,
wieder mehr Freizeit zu haben
und die auswendig gelernten Bibelstellen
wieder vergessen zu dürfen.
Und ob du sonntags in den Gottesdienst gehen wirst,
wirst du dir wohl auch überlegen.
Verständlich! Alles ganz normal. That's life!

Doro Zachmann

Leb dein Leben!

Zur Konfirmation

SCM Collection